Atividades recreativas
Para divertir e ensinar

Dados Internacionais de Catalogação na Publicação (CIP)
(Câmara Brasileira do Livro, SP, Brasil)

Maluf, Angela Cristina Munhoz
  Atividades recreativas para divertir e ensinar / Angela Cristina Munhoz Maluf. 7. ed. – Petrópolis, RJ : Vozes, 2013.

  ISBN 978-85-326-3188-6

  Bibliografia.

  1. Atividades criativas 2. Brincadeiras na educação 3. Jogos educativos 4. Sala de aula – Direção I. Título.

05-3700   CDD-371.397

Índices para catálogo sistemático:

1. Atividades recreativas : Brincadeiras e jogos : Educação   371.397
2. Brincadeiras como proposta pedagógica   371.397

Angela Cristina Munhoz Maluf

Atividades recreativas
Para divertir e ensinar

2ª Reimpressão
Abril/2016

EDITORA
VOZES

Petrópolis

© 2005, Editora Vozes Ltda.
Rua Frei Luís, 100
25689-900 Petrópolis, RJ
www.vozes.com.br
Brasil

Todos os direitos reservados. Nenhuma parte desta obra poderá ser reproduzida ou transmitida por qualquer forma e/ou quaisquer meios (eletrônico ou mecânico, incluindo fotocópia e gravação) ou arquivada em qualquer sistema ou banco de dados sem permissão escrita da editora.

Editoração e org. literária: Elaine Mayworm Lopes
Diagramação: AG.SR Desenv. Gráfico
Capa: WM design
Revisão de texto: Marco Antonio Moura

ISBN 978-85-326-3188-6

Editado conforme o novo acordo ortográfico.

Este livro foi composto e impresso pela Editora Vozes Ltda.

Para todos os educadores que ajudam os educandos a elaborar suas vivências reais, a adquirir um conhecimento mais amplo de si, dos que os cercam, da realidade, do espaço onde vivem e da comunidade da qual participam.

Sumário

Prólogo, 11
Palavras do Mestre, 13
Introdução, 17
Coletânea de atividades recreativas, 23
   1. Brincando de rimar, 23
   2. Quem se escondeu?, 23
   3. Imitando gestos, 24
   4. Salada de frutas coloridas, 25
   5. Colagem direcionada, 25
   6. Pegue-me, seu lobo!, 26
   7. Brincadeira das cinco mudanças, 27
   8. Pegue a minha mão, 28
   9. Atenção para as cores, 28
   10. Zoológico, 29
   11. Rasgar saquinhos de bala, 30
   12. Criando histórias com gravuras, 30
   13. Quem vai acertar o singular e o plural?, 31

14. Semáforo, 32
15. Classifique os objetos grandes e os pequenos, 32
16. Fique perto ou longe, 33
17. Qual é o tema?, 34
18. Troca de círculo, 34
19. Atividades de ordenação, 35
20. Fugindo da chuva, 35
21. Pare agora!, 36
22. A fada mandou, 37
23. Apite, 37
24. Fui visitar minha tia, 38
25. O coelhinho, 39
26. Pensando em números, 39
27. Contorne a árvore, 40
28. Corrida com saquinho de areia, 41
29. Atravessar o rio, 41
30. Barganhar, 42
31. Caminhos, 43
32. Enviando notícias, 43
33. Vale tudo, 44
34. Meu livro de animais, frutas, flores e companhia, 44
35. Ziguezague, 45

36. Salve o amigo, 46
37. Quem pega mais?, 46
38. Aqui!, 47
39. Faça pontos, 48
40. Sociabilizando, 48
41. Cachorros em suas casas, 49
42. Caracterizando objetos, 49
43. Combinando as sílabas, 50
44. Cavalos passando, 51
45. Perguntas inteligentes, 51
46. Pontos cardeais, 52
47. Batatinha frita, 52
48. Serrote, 53
49. Não comprei ainda e por que vou comprar?, 54
50. Crocodilo, 54

Referências bibliográficas, 55

Prólogo

Realizar um trabalho voltado às atividades lúdicas educativas torna-se particularmente necessário, à medida que os educadores precisam de subsídios para desenvolverem tais atividades.

Com linguagem direta e clara, que caracteriza seus trabalhos, Angela Cristina Munhoz Maluf em seu livro *Atividades recreativas: para divertir e ensinar* irá sem dúvida fornecer subsídios aos educadores, sobretudo por seu texto ser objetivo, consultivo e apresentar como, quando e por que brincar.

A autora, ao longo de sua trajetória, vem investigando e criando jogos e brincadeiras educativas. Este é o seu terceiro livro, permeado pelo caráter lúdico e educativo. A pesquisa e criatividade da autora é marcante; sem dúvida alguma irá subsidiar aqueles que amam os jogos e brincadeiras e que buscam, através deles, enriquecer seu trabalho.

Os recursos utilizados pela autora indicam atividades de acordo com as necessidades da criança em cada etapa de seu desenvolvimento, facilitando, assim, a utilização pedagógica.

Este é um livro que, com toda certeza, irá contribuir no cotidiano dos educadores, dando base para operacionalizar uma das mais difíceis atividades: brincar.

Profª Esp. Nilca Machado de Matos
Profª Mestre Glauce Viana Souza Torres

Palavras do Mestre

A vida de qualquer pessoa também pode ser conceituada como uma sucessão contínua de transformações.

De um bebê completamente dependente, transforma-se num ser brilhante, glorioso, criador, autônomo. É o mesmo ser, mas com as devidas transformações biológicas, intelectuais, afetivas e espirituais que obedecem às leis imutáveis da evolução.

Estas transformações ocorrem segundo a natureza das energias plenipotentes existentes no físico, mente, emoção e espírito de cada ser humano.

Energia é a força que faz mover e evoluir cada coisa vivente do universo. O corpo, a inteligência, a afetividade e a espiritualidade necessitam de energias distintas para a evolução do ser humano.

O que diferencia um ser do outro são as qualidades e quantidades de energias desenvolvidas em cada qual. O desenvolvimento destas energias requer a contribuição dos profissionais da educação para direcioná-las competentemente na direção evolutiva.

No âmbito da educação, é senso comum que liberdade, autonomia, cooperação e criatividade são alguns

13

dos valores humanos que possibilitam uma formação plena.

Não existe uma área do conhecimento privativo que possa cuidar da educação isoladamente. Mas é certo afirmar que algumas conseguem estimular o desenvolvimento mais integrado dos diferentes tipos de energia.

É o caso das atividades recreativas; ativam o corpo, a inteligência, os sentimentos e o fantástico estado espiritual de se integrar (consigo mesmo, com os outros, no universo).

O que ativa estes diferentes componentes do ser humano é a energia chamada prazer: de fazer, de conviver, de aprender, de ser.

O prazer desbloqueia as energias retidas na pessoa; libera as tensões (energias) estagnadas no corpo, na mente e nos sentimentos, possibilitando canal propício para se alcançar a espiritualidade, a realização suprema, a diluição no cosmos.

A morte é a ausência de vida; a tristeza, a da alegria; a ignorância, a ausência da inteligência. Poderíamos supor que essa ausência é simplesmente o bloqueio das energias que possibilitam os valores do outro extremo.

Quem brinca o faz porque é capaz de mobilizar prazer; energia que desbloqueia restrições para alcançar o bem-estar. Fazer o que se gosta, rir, brincar, criar ambiente prazeroso, mobilizar pessoas que proporcionam prazer são tarefas primordiais do educador. Assim, o aprendiz é capaz de, por si só, ativar-se na conquista da autonomia, criatividade, solidariedade; condições basilares para sua realização plena.

Eis aqui, transcritas nesta obra, várias atividades organizadas para o usufruto dos facilitadores para os "brincadores" (pequenos ou grandes), que querem e merecem plena realização como seres humanos.

Prof. Mestre Kenji Kido

Introdução

As atividades recreativas têm uma importância fundamental na educação e também na formação de todo ser humano, tanto em seus aspectos fisiológicos quanto nos psicológicos e sociais. Elas permitem que os educandos desenvolvam, por exemplo, a socialização, a criatividade, a coordenação, a memorização, o vocabulário, entre outros pontos. Com as atividades recreativas, o educador pode perceber traços da personalidade do educando, de seu comportamento individual e em grupo e o ritmo de seu desenvolvimento. Tais percepções permitem ao educador um melhor direcionamento de seu trabalho pedagógico.

Devemos lembrar que as atividades recreativas precisam ser levadas muito a sério para assim contribuírem para o desenvolvimento de competências e habilidades de crianças e adolescentes. O ato de recrear vai oportunizar as vivências inocentes e simples da essência lúdica deles, possibilitando o aumento da autoestima, o autoconhecimento de suas responsabilidades e valores, a troca de informações e experiências corporais e culturais, por meio das atividades de socialização. Ainda é oportunizado às crianças e aos adolescentes o enriquecimento de suas próprias capacidades, mediante o estímulo à iniciativa, à melhoria nos processos de comunicação e principalmente a optar por ações que incentivem a criatividade, que é certamente uma característica e um objetivo fundamentais da atividade recreativa, seja ela uma brincadeira ou um jogo em suas diversas formas de realização.

Toda atividade recreativa pode ser aplicada em diversas faixas etárias, mas pode sofrer interferência em seu procedimento de aplicação, na metodologia de organização e no ministrar de suas estratégias. De acordo com as necessidades específicas das faixas etárias, podemos observar que crianças de:

2 a 3 anos

• Possuem necessidade de manipular materiais variados;

• Precisam desenvolver seus músculos e sua imaginação;

• Precisam estimular sua criatividade;

• Necessitam conviver com outras crianças;

• Precisam que sua observação seja ativada e que o conhecimento de objetos que as cercam seja despertado;

• Gostam de brincar mais sozinhas e seu principal interesse é descobrir seu próprio corpo.

4 a 6 anos

• Gostam de ser elogiadas e têm tendência a emoções extremas;

• Adoram novidades (lugares, pessoas e objetos); ficam pouco tempo realizando uma atividade e exigem troca constante e rápida de ações;

• Precisam de regras e limites que desafiem sua imaginação;

• Constantemente, necessitam de motivação e, quando motivadas, conseguem se entreter mais tempo em uma atividade, vivendo assim suas emoções com bastante facilidade;

• Começam a ter curiosidade sexual e a se preocuparem com as diferenças;

• Apegam-se a familiares;

• Necessitam de autocontrole das emoções diante de medos de coisas ou de situações como escuro, bicho e, portanto, devem ter oportunidade para vencer temores;

• Adoram mostrar o que sabem fazer; nesta fase, estão descobrindo o prazer de brincar junto com outras crianças.

7 a 9 anos

• Têm grande precisão de movimentos, sendo uma etapa totalmente viável para o incentivo às atividades desportivas e àquelas que demandam esforço físico;

- Precisam de motivação no desenvolvimento de seu intelecto, com ações que possam proporcionar reflexões e descobertas;
- Necessitam de motivação para o convívio social;
- Requerem reforço nas atividades sobre as diferenças entre grande e pequeno, direita e esquerda, claro e escuro ou outros elementos.

10 a 12 anos

- Têm grande interesse (por) e necessidade de atividades ao ar livre, jogos de equipes;
- Necessitam de autonomia e oportunidades de aceitação dentro de um grupo;
- Precisam de atividades específicas para meninos e meninas, devido à diferença de interesse e ao ritmo de amadurecimento;
- Necessitam de atividades que possam contribuir para a autocrítica e o reconhecimento de suas dificuldades;
- Possuem grande interesse em jogos e atividades de grupo, músicas do momento e ações de humor;
- Precisam trabalhar a sensibilidade e o ciúme com o uso de técnicas e dinâmicas individuais e em grupo.

13 anos em diante

- Possuem interesse por assuntos culturais e religiosos, buscando assim seus ideais;
- Tendem a aperfeiçoar suas habilidades motoras enfatizando as atividades esportivas;

- Os meninos necessitam de atividades de maior intensidade, com ações que exigem força, resistência, velocidade e coragem;
- As meninas se interessam mais por atividades esportivas de menor esforço e de maior habilidade;
- Apreciam atividades ao ar livre, rítmicas que estejam inseridas em seu contexto social. É de grande importância a reflexão entre meninos e meninas sobre as atividades que tenham contato com o corpo;
- Necessitam de atividades que trabalhem os grandes grupos musculares, os movimentos gerais e a flexibilidade.

Considerando-se as necessidades físicas e psicológicas de crianças e adolescentes, sugiro atividades que trabalhem com o intelecto, com o corpo e com o social. Essas atividades têm por objetivo ajudar as crianças a entrarem em contato com o mundo do conhecimento e da informação e desenvolver suas habilidades de criar e relacionar esses conhecimentos, pois só assim elas serão capazes de desenvolver uma linguagem e aprender a dominar todo tipo de informação.

Espero que este livro possa, de forma didática e pedagógica, auxiliar e enriquecer o conhecimento de todos aqueles educadores que estão desenvolvendo sua prática pedagógica mediada por atividades recreativas, pois estas atividades são um passo para a prontidão do aprender e um excelente caminho de boa convivência dos educandos consigo mesmos e com as pessoas participantes das ambiências educativas.

A autora

Coletânea de atividades recreativas

1. Brincando de rimar

Material: Nenhum.

Objetivo: Estimular a atenção, a acuidade auditiva e o reconhecimento de sons finais das palavras.

Formação: Participantes sentados em círculo.

Desenvolvimento: O educador falará uma palavra. Pedirá para que cada participante, obedecendo a ordem do círculo, fale uma outra palavra que termine com o som igual ao da palavra que o educador disse. Se o educador disser *pé*, por exemplo, o primeiro participante poderá dizer: *chulé*. E assim sucessivamente. A atividade terminará quando todos os participantes já tiverem dito uma palavra.

2. Quem se escondeu?

Material: Cadeiras.

Objetivo: Desenvolver a observação, a concentração, o raciocínio lógico, a imaginação e a destreza.

Formação: Formar um círculo com cadeiras.

Desenvolvimento: Um participante será escolhido para adivinhar quem não está na sala. Ele deverá olhar para todos os seus companheiros e depois se afastar, ficando de costas. Logo em seguida, um outro participante sairá bem devagarinho, sem fazer ruídos ou qualquer movimento brusco, e se esconderá atrás da porta. Após o participante ter se escondido, o participante que foi escolhido para adivinhar irá se virar de frente, olhará para a cadeira vazia e para os outros companheiros, procurando descobrir quem se escondeu.

O participante que vai adivinhar terá três oportunidades para responder. Se acertar, escolherá um companheiro para substituí-lo. Se errar, deverá continuar adivinhando quem se escondeu.

3. Imitando gestos

Material: Nenhum.

Objetivo: Desenvolver a atenção, a memória, a criatividade, a imaginação e a percepção visual.

Formação: Participantes à vontade na sala de aula ou no pátio.

Desenvolvimento: O educador deverá mostrar vários movimentos e posições por meio de gestos.

Exemplo: colocar a mão direita na cabeça e a esquerda na cintura. Em seguida, pedirá para os participantes imitá-lo. O educador deverá ficar num ponto da sala ou pátio, onde poderá ser visto por todos os participantes. A atividade continuará enquanto o educador inventar novos movimentos e posições e as crianças imitarem seus gestos. Outra sugestão é pedir para que um participante faça movimentos e posições variados para os outros companheiros imitá-lo.

4. Salada de frutas coloridas

Material: Várias frutas: mamão, laranja, uva, banana...; travessas, tigelas ou assadeiras.

Objetivo: aprender as formas geométricas.

Formação: Os participantes e o educador deverão estar à vontade com aventais ou um pano amarrado na cintura.

Desenvolvimento: O educador irá cortar as frutas para fazer uma salada de frutas colorida. Os participantes deverão montar nas travessas, tigelas ou assadeiras várias figuras geométricas com as frutas. Na hora do lanche, poderão se deliciar comendo salada preparada.

5. Colagem direcionada

Material: Tesoura, cola, papel, lápis, envelope e recortes de revistas.

Objetivo: Abstrair a lateralidade.

Formação: Participantes à vontade, folheando revistas, observando figuras e depois recortando-as.

Desenvolvimento: Juntamente com os participantes, o educador deverá ajudar a recortar as figuras que farão parte da colagem; em seguida, deverá separá-las individualmente para cada participante em um envelope. Feito isso, o educador distribuirá uma folha para cada participante. Todos deverão desenhar uma casa com porta e janelas, no meio da folha. Ao lado direito ou esquerdo da casa, uma árvore. Em cima da casa, uma nuvem.

O educador dará orientações das etapas para cada participante, dizendo onde ele deve colar as figuras que recortou. Então, o educador dirá, por exemplo, que as flores deverão ser coladas no chão e ao *lado* da casa. E assim por diante: "Vamos colar este menino no chão ou ao lado da porta ou da janela da casa". "Agora iremos colar este carro ao lado da árvore. E para finalizar nosso desenho, vamos colar este avião ao lado da nuvem." A atividade se encerrará quando todos os participantes terminarem a colagem.

6. Pegue-me, seu lobo!

Material: Nenhum.

Objetivo: Despertar para o espírito de equipe, estimular a atenção, a criatividade, a destreza, a rapidez de reação e o bom humor.

Formação: Participantes à vontade.

Desenvolvimento: Escolhe-se um lugar para ser o pique; todos os participantes deverão ficar no pique, exceto um participante que será escolhido pelo educador para ser o lobo. Este se afastará dos demais participantes. Ao sinal do educador, os participantes que estão no pique deverão sair em silêncio e tentar chegar o mais perto possível do lobo e gritar: "Me pegue, seu lobo!" O lobo, enfurecido e desafiado, perseguirá os participantes, que deverão correr para alcançar o pique. Bastará que o lobo toque em um dos participantes para que ele se transforme em um lobinho, tornando-se um auxiliar do lobo, ajudando-o a pegar os outros participantes. A atividade terminará quando todos os participantes tiverem se transformado em lobinhos.

7. Brincadeira das cinco mudanças

Material: Nenhum.

Objetivo: Despertar a atenção, a concentração, a memorização, a imaginação e estimular a percepção visual.

Formação: Participantes à vontade na sala de aula ou no pátio.

Desenvolvimento: Serão escolhidos dois participantes que deverão observar todos os outros participantes em seus mínimos detalhes, roupas, acessórios, lugar em que estão e outras características. Os dois serão retirados da sala e então serão realizadas cinco mudanças nos participantes que ficaram no recinto. Após um sinal do educador, os dois participantes que saíram da sala deverão voltar para adivinhar quais mudanças foram feitas e em quem. Após serem relatadas as mudanças e, caso acertem, deverão inverter os papéis com os participantes que executaram as mudanças. Caso não acertem, deverão permanecer adivinhando outras mudanças que serão feitas no decorrer da brincadeira.

8. Pegue a minha mão

Material: Nenhum.

Objetivo: Despertar para o companheirismo, estimular a atenção, desenvolver a coordenação motora e a destreza.

Formação: Participantes à vontade.

Desenvolvimento: O educador escolherá um participante para ser o pegador. Ao comando do educador, o pegador tentará pegar um dos participantes, que, para se salvar, deverá dar a mão para outro participante e ficar frente a frente de mãos dadas com ele. Aquele que for tocado pelo pegador antes que consiga dar a mão para um outro participante passará a ser o novo pegador. A brincadeira continua enquanto houver interesse.

9. Atenção para as cores

Material: Nenhum.

Objetivo: Conhecer as cores, despertar a atenção, o raciocínio rápido e a reação rápidos.

Formação: Sentados nas carteiras, em filas ou colunas com o mesmo número de participantes.

Desenvolvimento: Cada fila ou coluna representará uma cor. O educador falará o nome de uma cor e a fila ou coluna correspondente deverá se levantar imediatamente, enquanto as outras continuam sentadas. Caso o educador fale o nome de uma cor que não está na brincadeira, a coluna que estiver em pé senta-se e as outras se levantam, e assim sucessivamente.

10. Zoológico

Material: Máscaras de animais.

Objetivo: Conhecer os animais, estimular a reação rápida, a cooperação, a acuidade auditiva e o companheirismo.

Formação: Os participantes deverão estar em grupos de quatro. Deverão escolher um animal do zoológico que queiram ser. Depois de terem escolhido o animal, deverão ficar de mãos dadas, pois estarão numa "jaula".

Desenvolvimento: Quando o educador disser: "Os animais podem ficar soltos no zoológico", os participantes deverão soltar as mãos e poderão andar livremente pela sala ou no pátio, cada um imitando o animal que escolheu. Mas quando o educador disser: "O guarda está vindo", todos os participantes deverão dar as mãos aos companheiros do grupo, fechando assim a "jaula". Os participantes que demorarem a dar as mãos e forem tocados pelo "guarda" deverão sair da brincadeira. A brincadeira terminará quando ficar somente um grupo de animais ou quando não mais houver interesse.

11. Rasgar saquinhos de bala

Material: Saquinhos de papel, balas, varas de pescar, corda ou barbante e lenços para vendar os olhos.

Objetivo: Desenvolver a concentração, a agilidade, a acuidade auditiva e a cooperação.

Formação: Os participantes poderão se dividir em grupos de cinco.

Desenvolvimento: Cada grupo deverá escolher um representante que deverá, de olhos vendados, rasgar saquinhos cheios de balas, com auxílio de uma vara de pescar (sem linha). Os pacotes deverão ficar pendurados com corda ou barbante no meio da sala ou no pátio. Os representantes dos grupos tentarão romper os pacotes pelo toque da vara. As balas se espalharão pelo chão quando os saquinhos forem arrebentados pelo toque das varas.

Os participantes poderão apanhar as balas e reparti-las com o grupo. A brincadeira terminará quando não houver mais interesse por parte dos educandos.

12. Criando histórias com gravuras

Material: Revistas ou livros, cola, tesoura, fita adesiva ou parafuso.

Objetivo: Desenvolver a habilidade de expressar ideias, estimular a atenção e a fala.

Formação: Participantes à vontade sentados em suas carteiras ou em círculo.

Desenvolvimento: O educador pregará uma gravura no quadro-negro ou na parede. Em seguida, mostrará a gravura. Pedirá para que um de cada vez invente uma historinha sobre a gravura que está pregada no quadro-negro ou fixada na parede. A atividade terminará quando todos os participantes tiverem inventado uma historinha com a gravura mostrada pelo educador.

13. Quem vai acertar o singular e o plural?

Material: Nenhum.

Objetivo: Desenvolver o vocabulário e identificar o singular e o plural.

Formação: Participantes sentados em círculo.

Desenvolvimento: O educador dirá, por exemplo: "Uma fruta, está no singular ou no plural?" Dependendo da resposta, dirá: "Então agora passe para o plural, quem acerta?" E assim sucessivamente, utilizando frases também no plural para serem passadas para o singular. A atividade terminará quando todos os participantes tiverem participado.

14. Semáforo

Material: Três panos coloridos, simbolizando as cores do semáforo: verde, amarelo e vermelho.

Objetivo: Conhecer o semáforo e seu funcionamento; desenvolver a atenção, a concentração e a reação rápida.

Formação: Os participantes deverão estar um ao lado do outro, atrás de uma linha traçada no chão. O educador deverá ficar com os três panos coloridos na mão a uma certa distância dos participantes.

Desenvolvimento: Quando o educador levantar o pano verde, todos os participantes deverão andar; quando levantar o pano amarelo, eles prestarão atenção; quando levantar o pano vermelho, ficarão parados. O participante que errar deverá voltar para o início da atividade, atrás da linha traçada no chão.

15. Classifique os objetos grandes e os pequenos

Material: Uma caixa grande de papelão e vários objetos grandes e pequenos.

Objetivo: Aprender a classificar os objetos grandes e pequenos.

Formação: Formar duas equipes; os participantes deverão ficar sentados em suas carteiras.

Desenvolvimento: O educador colocará todos os objetos (grandes e pequenos) misturados no chão, no meio da sala de aula ou no pátio. Coloca-se a caixa de papelão ao lado dos objetos. As equipes deverão ter um representante. O educador chamará então o representante da primeira equipe. O representante deverá separar todos os objetos pequenos e colocá-los na caixa de papelão que está ao lado dos objetos. Delimita-se um tempo para a execução desta atividade, que deverá ser cronometrado pelo educador. Depois que a primeira equipe executar a tarefa de separar todos os objetos pequenos e colocá-los na caixa de papelão, o educador deverá contar quantos objetos pequenos o representante da equipe conseguiu separar. Feito isso, anota-se o número de acertos. A próxima etapa é misturar novamente os objetos pequenos com os grandes. Logo em seguida, a outra equipe deverá separar todos os objetos grandes e colocá-los na caixa. O educador deverá cronometrar o tempo que a segunda equipe levou para executar a tarefa. Ganha a equipe que separar o maior número de objetos.

16. Fique perto ou longe

Material: Nenhum.

Objetivo: Aprender o vocabulário específico da distância.

Formação: Participantes à vontade.

Desenvolvimento: Os participantes deverão seguir as ordens do educador, que dirá, por exemplo, que "Todos devem ficar bem perto da porta" ou "Fiquem longe do quadro-negro". E assim por diante. A atividade terminará quando não mais houver interesse dos participantes.

17. Qual é o tema?

Material: Nenhum.

Objetivo: Estimular a rapidez de reação e a atenção e adquirir conhecimentos gerais.

Formação: Os participantes deverão estar sentados em círculo.

Desenvolvimento: O educador indicará um participante para iniciar a atividade. Em seguida, o educador pode dizer, por exemplo: "O tema é cidades". O aluno indicado deverá dar início à atividade dizendo o nome de uma cidade; Rio de Janeiro, por exemplo. O companheiro seguinte deverá dizer rapidamente o nome de outra cidade. E assim sucessivamente. Quem demorar para dizer a palavra ou errar o tema deverá sair da atividade. Os temas podem ser: músicas, frutas, países, estados, rios etc.

18. Troca de círculo

Material: Giz.

Objetivo: Desenvolver a coordenação motora, a percepção visual, a acuidade auditiva e a reação rápida.

Formação: Risca-se, no chão da sala de aula ou do pátio, vários círculos. Um participante deverá ficar fora do círculo. Os demais, dentro do círculo.

Desenvolvimento: Ao sinal do educador, todos os participantes deverão trocar de círculo. O participante que estiver fora do círculo deverá tentar entrar em um. Se permanecer fora, deverá pagar uma prenda.

19. Atividades de ordenação

Material: Nenhum.

Objetivo: Estimular a atenção, a concentração, a memória, a percepção visual, os conhecimentos gerais e a fixação de conteúdos.

Formação: Participantes à vontade.

Desenvolvimento: O educador dará um comando. Exemplo: formar fila de quatro participantes, formar um círculo com sete participantes, formar uma dupla, formar um grupo com participantes que estejam de calça jeans, com relógio, com óculos etc. E assim por diante. A atividade terminará quando não mais houver interesse dos participantes.

20. Fugindo da chuva

Material: Nenhum.

Objetivo: Desenvolver a socialização, o senso de humor e a acuidade auditiva.

Formação: Delimita-se uma área do pátio para servir de proteção aos participantes que estarão dispostos à vontade.

Desenvolvimento: Os participantes e o educador irão passear pelo pátio. O educador vai contando uma história. A qualquer momento, o educador poderá interromper a história para dizer: "Está chovendo". Sempre que o educador disser esta frase, todos os participantes deverão correr e ir para a área delimitada para se protegerem da chuva. A atividade deve prosseguir enquanto os participantes mostrarem interesse.

21. Pare agora!

Material: Quadro-negro e giz.

Objetivo: Favorecer o treino para leitura e escrita e aquisição de conteúdos.

Formação: Formar várias equipes. Os participantes deverão estar sentados em suas carteiras.

Desenvolvimento: O educador escreverá no quadro-negro, por exemplo, lugares que existem na cidade, objetos da sala de aula, estados do Brasil e frutas com a letra "m". Em seguida, pedirá para que um representante de cada equipe venha, um de cada vez, escrever no quadro os nomes que comecem com a letra determinada. Os demais participantes poderão ajudar quando o representante da equipe não souber qual palavra utilizar. Será delimitado um tempo para que as equipes possam escrever no quadro-negro. Passado o tempo-limite, o educador dirá: "Pare agora!" O representante da equipe imediatamente para de escrever. Vencerá a equipe que escrever o maior número de palavras no menor espaço de tempo.

22. A fada mandou

Material: Nenhum.

Objetivo: Desenvolver a socialização, a imaginação, a criatividade e estimular a obediência a regras.

Formação: Participantes poderão estar à vontade na sala de aula ou no pátio.

Desenvolvimento: O educador dará ordens, como, por exemplo: "A fadinha mandou que todos cantem a canção *Ciranda-cirandinha*, que todos chorem, que todos se abracem, que pulem a fogueira, que colham frutos etc." O educador pedirá para que um participante seja a fada e comande a atividade. A atividade terminará quando os participantes não mais se mostrarem interessados.

23. Apite

Material: Um apito e um lenço para vendar os olhos.

Objetivo: Desenvolver a imaginação e estimular a acuidade auditiva.

Formação: Participantes à vontade.

Desenvolvimento: Dois participantes; um receberá um apito e o outro um lenço para vendar os olhos. O participante de posse do apito deverá se esconder em algum lugar da sala de aula ou do pátio. Quando o educador disser: "Escutem o apito", o participante que está escondido com o apito deverá apitar. E o participante que está com os olhos vendados apontará a direção de onde vem o som do apito. Se acertar, será a sua vez de se esconder para apitar. Caso contrário, o apito continuará com o mesmo participante e um outro participante terá os olhos vendados.

24. Fui visitar minha tia

Material: Nenhum.

Objetivo: Desenvolver a imaginação e a criatividade e estimular a habilidade de expressar idéias.

Formação: Participantes sentados em círculo na sala de aula ou no pátio.

Desenvolvimento: Exemplo: O educador dirá: "Fui visitar minha tia e coloquei na mala..."; apontará para um participante que está no círculo. O participante indicado pelo educador falará: "Calças compridas". E logo em seguida dirá: "Fui visitar minha tia e coloquei na mala...", e apontará para um companheiro que está no círculo. E assim sucessivamente. A atividade será interrompida quando um participante não disser o nome de um objeto que pode ser levado na mala ou quando não houver interesse dos participantes em dar continuidade à atividade.

25. O coelhinho

Material: Giz.

Objetivo: Estimular a atenção, o ritmo, a concentração, a acuidade auditiva e a percepção visual.

Formação: Os participantes deverão estar atrás de uma linha traçada no chão, na sala de aula ou no pátio.

Desenvolvimento: Ao sinal do número de palmas executadas pelo educador, os participantes irão imitar um coelhinho e darão pulos. Exemplo: o educador bate duas palmas e diz: "O coelhinho quer comer graminha", os participantes devem dar dois pulos para frente, saindo assim de detrás da linha traçada no chão. E assim por diante. O número de palmas que os participantes escutarem corresponderá ao número de pulos que eles devem dar. A atividade terminará quando não mais houver interesse dos participantes em dar seguimento nessa atividade.

26. Pensando em números

Material: Cartelas feitas com cartolina que devem corresponder ao número de participantes. Se houver vinte participantes, por exemplo, haverá vinte cartelas. Em cada uma, deverá ser escrito um número diferente de um a vinte. Os números pares deverão ser escritos em verde; os ímpares em vermelho. Assim, serão escritos em verde, em dez cartelas, os números: 2, 4, 6, 8, 10, 12, 14, 16, 18, 20. Em vermelho serão escritos os números: 1, 3, 5, 7, 9, 11, 13, 15, 17, 19.

Objetivo: Desenvolver noções de números par e ímpar; estimular a atenção, a percepção visual e a acuidade auditiva.

Formação: Cada participante deverá receber uma cartela com um número (par ou ímpar). Deverão ficar à vontade na sala de aula ou no pátio.

Desenvolvimento: Quando o educador disser: "Estou pensando em vários números pares", todos os participantes que estiverem com cartelas que tenham os números pares escritos em verde deverão erguê-las imediatamente. E quando o educador disser: "Estou pensando em números ímpares", todos os participantes que estiverem com as cartelas que tenham os números ímpares escritos em vermelho deverão erguê-las. O educador deverá dizer várias vezes o mesmo comando, para saber se os participantes internalizaram a ação. E assim sucessivamente.

27. Contorne a árvore

Material: Uma árvore.

Objetivo: Desenvolver a agilidade na corrida, a coordenação motora e estimular a atenção.

Formação: Participantes em fila.

Desenvolvimento: O primeiro participante correrá uma distância de aproximadamente dez metros; contornará a árvore, voltará ao ponto de partida e ficará atrás da fila. O educador deverá cronometrar o tempo. A atividade continuará até que todos tenham participado. Ganhará o jogo o participante que fizer o trajeto em menos tempo.

28. Corrida com saquinho de areia

Material: Dois saquinhos de areia e giz.

Objetivo: Desenvolver o equilíbrio, a coordenação motora, a atenção e o espírito de equipe.

Formação: Deverão ser formadas duas equipes, que, em fila, ficarão bem distante de uma linha traçada no chão.

Desenvolvimento: Ao comando do educador, os primeiros participantes das filas deverão colocar um saquinho de areia na cabeça. Cada participante com o saquinho de areia na cabeça deverá se deslocar até a linha que foi traçada no chão. Em seguida, voltará para o ponto de onde saiu e entregará o saquinho de areia para o companheiro seguinte de sua fila. Se o saquinho de areia cair, o participante o apanhará e voltará para o ponto de onde saiu e começará novamente. Será vencedora a equipe que terminar primeiro o trajeto.

29. Atravessar o rio

Material: Giz.

Objetivo: Desenvolver a rapidez de reação, a coordenação motora, o equilíbrio e a agilidade.

Formação: Participantes à vontade.

Desenvolvimento: Traça-se duas linhas paralelas distante um pouco uma da outra. O espaço entre elas é um *rio*. Os participantes deverão caminhar em direção ao *rio*, atravessá-lo, sem tocar na água. Sairá da atividade o participante que pisar na *água*. Ganhará a atividade o último participante que ficar na brincadeira. À medida que os participantes forem adquirindo habilidades para atravessar o *rio*, o educador poderá aumentar o espaço, traçando duas linhas cada vez mais distantes uma da outra.

30. Barganhar

Material: Um ou mais objetos – chaveiro, quadro, bijuterias, roupas, enfeites etc. – que cada participante poderá trazer de casa.

Objetivo: Desenvolver a socialização, a comunicação, a autonomia, a percepção visual e a noção de troca de objetos.

Formação: Participantes à vontade, com seu respectivo objeto para troca.

Desenvolvimento: Todos os participantes deverão caminhar pelo local, observando os objetos que os companheiros trouxeram e deixando que eles reparem no seu. Após a observação dos objetos, poderá existir negociação e a possibilidade de trocá-los.

31. Caminhos

Material: Giz.

Objetivo: Trabalhar vocabulário específico de comprimento (curto-comprido).

Formação: Participantes à vontade.

Desenvolvimento: Traçar dois caminhos com giz, um comprido e outro curto. Preparar uma atividade de faz de conta, dizendo: "Estes caminhos vão do local onde a mamãe vai fazer compra até em casa ou de onde o papai trabalha até o clube". Em seguida, pedir para que os participantes andem pelos dois caminhos. Eles descobrirão qual é o caminho mais curto e o mais comprido. Outra sugestão é fazer com que os participantes marchem ou pulem com um pé só sobre os dois caminhos.

32. Enviando notícias

Material: Envelopes.

Objetivo: Valorizar a comunicação entre os participantes e auxiliar a integração social.

Formação: Participantes sentados em círculo. Cada um receberá um número.

Desenvolvimento: Todos os participantes deverão estar com um envelope na mão. Dentro do envelope eles irão colocar algumas notícias escritas, que podem ser pessoais ou sobre quaisquer assuntos, como férias, Natal, entre outras. O educador chamará um número; este deverá chamar um outro número. Um irá ao encontro do outro, trocarão os envelopes e voltarão para seus lugares. Feito isto, cada participante irá ler e responder as notícias que estão no envelope. E assim continua a atividade, que se encerra quando não mais houver interesse dos participantes.

33. Vale tudo

Material: Aparelho de som.

Objetivo: Desenvolver a expressão corporal, a acuidade auditiva, desinibir-se e movimentar-se ao som de músicas.

Formação: Participantes à vontade.

Desenvolvimento: Ao som de uma música, todos os participantes irão executar diversos passos de dança criados por eles mesmos. O educador poderá pedir para um participante executar movimentos de dança e os demais imitá-lo, e assim por diante. A atividade terminará quando não houver mais interesse dos participantes.

34. Meu livro de animais, frutas, flores e companhia

Material: Livro ata, revistas, cola e tesoura.

Objetivo: Desenvolver a imaginação, a criatividade, a concentração e a expressão de ideias.

Formação: Participantes sentados.

Desenvolvimento: Os participantes deverão folhear revistas, escolhendo as figuras que mais lhe agradarem. Feito isso, devem recortá-las e colá-las no livro ata. Cada participante irá escolher um tema para fazer o seu livro: flores, frutas, carros etc. Depois que o livro estiver pronto, poderá haver trocas de livros com os companheiros. Assim, cada participante irá apreciar o livro de um colega. A atividade terminará quando todos acabarem de fazer os livros e fizerem suas trocas com outros companheiros.

35. Ziguezague

Material: Caixas de sapato, latinhas de refrigerantes ou garrafas descartáveis.

Objetivo: Desenvolver a habilidade na corrida, a destreza, a percepção visual, a coordenação motora e o espírito de equipe.

Formação: Formar várias colunas com o mesmo número de participantes. À frente de cada coluna, colocar cinco obstáculos no chão, distanciados cerca de dois metros um do outro. O primeiro obstáculo ficará cinco metros distante do início da coluna.

Desenvolvimento: Ao sinal do educador, o primeiro participante de cada coluna deverá correr em ziguezague por entre os obstáculos dispostos no chão. Feito isso, o participante deverá voltar pela direita e tocar na mão do companheiro seguinte, que deverá repetir o mesmo percurso e colocar-se no final da coluna. A coluna que concluir primeiro a tarefa será a vencedora.

36. Salve o amigo

Material: Um boné.

Objetivo: Estimular a atenção, a perspicácia e o companheirismo.

Formação: Participantes à vontade. Um participante será escolhido para ser o perseguidor e deverá estar um pouco afastado dos demais participantes. Um outro participante deverá estar com um boné na cabeça.

Desenvolvimento: Ao sinal do educador, o perseguidor deverá correr atrás do participante que está com o boné na cabeça. O intuito do perseguidor é pegar o boné. Os companheiros do participante que está com o boné na cabeça tentarão impedir que o perseguidor concretize seu objetivo. Todos deverão correr para bem perto do participante que está com o boné na cabeça para salvá-lo. O participante que mais perto chegar ganhará o boné. O perseguidor continuará correndo atrás do participante que está com o boné e os demais companheiros solidários procurarão auxiliar sempre o participante que está sendo perseguido. A atividade terminará quando não mais houver interesse dos participantes.

37. Quem pega mais?

Material: Pedrinhas ou caixas de fósforos vazias.

Objetivo: Desenvolver a rapidez de reação, a agilidade, a percepção visual e a atenção.

Formação: Numera-se todos os participantes, que deverão formar um círculo. No centro deste círculo coloca-se as pedrinhas ou as caixas de fósforos vazias. O total de pedrinhas ou caixas de fósforos vazias dentro do círculo deve ser um número ímpar.

Desenvolvimento: O educador chamará dois números, que deverão contornar o círculo em direções opostas. Ao completarem a volta, deverão retornar imediatamente para o lugar de onde saíram e rapidamente apanhar as pedrinhas ou caixas de fósforos. Vencerá a atividade o participante que conseguir pegar a maior quantidade de pedrinhas ou de caixas de fósforos vazias.

38. Aqui!

Material: Três bolas de meia.

Objetivo: Desenvolver a habilidade de pegar e arremessar uma bola, a atenção e a cooperação.

Formação: Participantes dispostos em três fileiras. À frente de cada fileira, um participante com uma bola a uma distância de um metro da fileira.

Desenvolvimento: Ao sinal do educador, os participantes que estão à frente das fileiras deverão arremessar a bola para o seu companheiro seguinte. Este deverá tentar pegar a bola, devolvendo-a em seguida. Após isso, precisa abaixar-se. E assim sucessivamente. O último da fileira, logo que receber a bola, dirá: "Aqui!" Marcará ponto a fileira que disser primeiro.

39. Faça pontos

Material: Uma pedra, uma moeda ou um saquinho de areia.

Objetivo: Desenvolver a habilidade no lançamento de objetos: pedra, moeda ou saquinho de areia, além de boas atitudes.

Formação: Dividir as equipes; os participantes ficarão à vontade.

Desenvolvimento: Desenhar um alvo no chão. Virão os participantes da primeira equipe, um após o outro, e jogarão o objeto – pedra, moeda ou saquinho de areia – no alvo desenhado. Os pontos de cada participante serão marcados de acordo com o número correspondente ao espaço onde o objeto parar. Em seguida, anota-se o total de pontos feitos pela primeira equipe. Depois é a vez da segunda equipe. Aquela que conseguir o maior número de pontos será a vencedora.

40. Sociabilizando

Material: Nenhum.

Objetivo: Descontrair e despertar a criatividade.

Formação: Os participantes deverão estar sentados em círculo, de mãos dadas.

Desenvolvimento: Um dos participantes iniciará a atividade, perguntando para o companheiro do seu lado direito: "Oi, como vai?" O participante que ouviu a pergunta não precisa responder, mas deve dirigir-se ao seu colega do lado direito e dizer: "Bom-dia." Tal procedimento ocorrerá com todos os participantes do círculo. O educador deverá respeitar as manifestações de cada participante, mesmo aquelas aparentemente inoportunas.

41. Cachorros em suas casas

Material: Nenhum.

Objetivo: Estimular a atenção, desenvolver a coordenação motora, a lateralidade e a agilidade.

Formação: Formam-se dois círculos, um que ficará dentro e outro que ficará fora, sendo que o círculo de fora terá um participante a mais.

Desenvolvimento: Os dois círculos girarão em sentido contrário. Quando o educador disser: "Cachorros em suas casas", os dois círculos param de girar. Os participantes do círculo de dentro dão um salto e afastam as pernas. Os participantes do círculo de fora deverão apoiar os joelhos e as mãos no chão e colocar a cabeça entre as pernas do companheiro que está à sua frente. Depois de algum tempo, invertem-se os papéis.

42. Caracterizando objetos

Material: Papel, lápis de cor, cola e tesoura.

Objetivo: Explorar as características dos objetos.

Formação: Participantes à vontade em carteiras ou mesas.

Desenvolvimento: O educador pedirá aos participantes que desenhem ou façam colagem de alguns objetos. Logo em seguida, o educador orientará os participantes para explorarem as características dos objetos, dizendo:

- De que material é feito?
- Que formato possui?
- Que espessura possui?
- Qual sua cor?

Cada participante, um após o outro, poderá dizer as características dos objetos que desenhou ou colou. A atividade terminará quando todos os participantes já tiverem dito os objetos que desenharam ou colaram.

43. Combinando as sílabas

Material: Nenhum.

Objetivo: Conhecimento e fixação das sílabas.

Formação: Participantes à vontade.

Desenvolvimento: O educador dirá: "Com a sílaba *pê*, eu falo Pedro. E você?", apontando rapidamente o dedo para um participante, que deverá dizer uma palavra iniciada com a sílaba *pê* e apontar, em seguida, para um colega continuar a atividade. O participante que for apontado pelo educador poderá mudar a sílaba quando for indicar um colega. Pode dizer: "Com *ma* eu falo macaco, e você?" Quem errar poderá pagar uma prenda ou sair da brincadeira. A atividade terminará quando todos os participantes já tiverem participado e não mais estiverem interessados.

44. Cavalos passando

Material: Nenhum.

Objetivo: Desenvolver a atenção, a percepção visual e o raciocínio.

Formação: Participantes à vontade, sentados ou em pé. Cinco participantes devem se esconder.

Desenvolvimento: Os cinco participantes que se esconderam são os cavalos. A um sinal do educador, os cinco participantes passarão trotando em fila. Depois que passarem, irão alterar as posições na fila e passar trotando novamente. O educador pedirá para um participante dizer a ordem da fila. Caso o participante acerte, ele deverá chamar mais quatro participantes para serem cavalos e juntamente com ele deverão passar trotando. A atividade cessará quando não mais houver interesse dos participantes.

45. Perguntas inteligentes

Material: Nenhum.

Objetivo: Ensinar o uso dos pronomes interrogativos: quem, o que, de que, a quem, quando, como; usar os advérbios onde e aonde; estimular a expressão oral, a expressão escrita, a memória, a acuidade auditiva e a criatividade.

Formação: Os participantes deverão estar sentados.

Desenvolvimento: O educador entregará uma folha para cada participante contendo as seguintes perguntas: "Quem é a cantora ou cantor?", "O que gosta de fazer?", "Aonde vai nos finais de semana?", "A quem dedica suas músicas?", "Quando fica triste?", "Onde mora?", "Como ele ou ela é?" (descrever suas características físicas) etc.

Um participante é convidado para ser, faz de conta, um cantor ou uma cantora. O escolhido deverá dizer seu nome fictício e responder às perguntas elencadas. Durante as respostas do participante escolhido, os demais participantes responderão as perguntas que estão no questionário, de acordo com o que ouvem da pessoa selecionada. Feito isso, todos, um de cada vez, deverão ler em voz alta o que escreveram e conferir se esqueceram ou não de responder o que o cantor ou a cantora relatou. A atividade terminará à medida que os participantes não mais tiverem interesse.

46. Pontos cardeais

Material: Nenhum.

Objetivo: Ensinar os pontos cardeais e a orientação espacial.

Formação: Participantes à vontade.

Desenvolvimento: Os participantes poderão correr à vontade pelo espaço; ao ouvirem o educador dizer, por exemplo: "Norte", todos se dirigem para o sentido determinado, posicionando-se, assim prosseguindo na atividade. Esta terminará após o educador dizer todos os pontos cardeais. Repete-se a atividade de acordo com o interesse dos participantes.

47. Batatinha frita

Material: Nenhum.

Objetivo: Desenvolver a atenção, a acuidade auditiva e a reação rápida.

Formação: Os participantes deverão estar alinhados em fila, distantes uns dos outros.

Desenvolvimento: O educador deverá caminhar de costas para os participantes e estes deverão ir caminhando em sua direção. Em um certo momento, o educador dirá: "Batata frita, um, dois, três" e se virará rapidamente. Neste instante, todos os participantes deverão ficar imóveis. E assim continuamente. O participante que conseguir chegar mais próximo do educador tomará o lugar dele. E aquele participante que ficar mais distante deverá pagar uma prenda.

48. Serrote

Material: Nenhum.

Objetivo: Desenvolver a coordenação motora, a agilidade e a cooperação.

Formação: Participantes em dupla, sentados.

Desenvolvimento: Os participantes deverão estar com seus parceiros, sentados, de mãos dadas, com as pernas esticadas e afastadas. As solas dos sapatos devem estar encostadas nas do parceiro. Os participantes irão fazer o movimento do serrote. A vez de um puxar o outro será alternada. O educador poderá dar um sinal para os participantes se levantarem e fazerem uma troca de parceiros. A atividade terminará quando não mais houver interesse dos participantes.

49. Não comprei ainda e por que vou comprar?

Material: Nenhum.

Objetivo: Desenvolver a atenção, a obediência a regras, o senso de humor, a imaginação, a expressão oral e a criatividade.

Formação: Os participantes deverão formar uma roda.

Desenvolvimento: O educador pedirá para um participante iniciar uma música. Todos cantarão, acompanhando o participante indicado. Em um certo momento, o participante indicado parará de cantar e apontará para um outro participante, dizendo: "Ainda não comprei". O participante apontado deverá responder rapidamente, por exemplo: "Ainda não comprei limão, vou comprar para fazer uma limonada". O participante apontado deverá dizer sempre o que ainda não comprou e por que vai comprar. A atividade terminará quando todos já tiverem respondido a pergunta ou quando não houver mais interesse dos participantes.

50. Crocodilo

Material: Nenhum.

Objetivo: Desenvolver a coordenação motora, o espírito de equipe e a obediência a regras.

Formação: Participantes em dupla.

Desenvolvimento: Um participante se abaixará e apoiará as mãos no chão. Seu parceiro deverá se colocar atrás dele e segurar-lhe os tornozelos. Deverão caminhar desta maneira pelo espaço disponível. E assim continuamente, podendo inverter as posições dos parceiros. Esta atividade poderá ser feita em equipes.

Referências bibliográficas

ABERASTURY, A. *A criança e seus jogos*. Porto Alegre: Artes Médicas, 1992.

ANTUNES, C. & PEGAIA, U. *Ludopedagogia*. São Paulo: Ed. do Brasil, 1974.

BERGERET, L. *Du cote des iudotheques*. Paris: Fleurus, 1984.

FINGERMANN, G. *El juego y sus proyecciones*. Buenos Aires: El Ateneo, 1970.

GOUVEA, R. *Recreação*. 4. ed. Rio de Janeiro: Agir, 1969 [Escola e Vida, 2].

IOBOLI, G.B. *Práticas de ensino*: subsídios para atividade docente. 5. ed. São Paulo: Ática, 1994.

MARCELINO, N.C. *Pedagogia da animação*. Campinas: Papirus, 1990.

MIRANDA, N. *Organização das atividades de recreação*. Belo Horizonte: Itatiaia, 1984.

NAHAS, M.V. A competição e a criança. *Revista Comunidade Esportiva*, n. 15, jul.-ago./1991, p. 2-5. Rio de Janeiro.

STIFF, G. *Mil juegos para la juventud*. Buenos Aires: DNEFDR, 1964.

VITELLUCHI, S. *Aprender jugando desde la realidad*. Buenos Aires: Bonum, 1992.

CULTURAL

Administração – Antropologia – Biografias
Comunicação – Dinâmicas e Jogos
Ecologia e Meio Ambiente – Educação e Pedagogia
Filosofia – História – Letras e Literatura
Obras de referência – Política – Psicologia
Saúde e Nutrição – Serviço Social e Trabalho
Sociologia

CATEQUÉTICO PASTORAL

Catequese – Pastoral
Ensino religioso

TEOLÓGICO ESPIRITUAL

Biografias – Devocionários – Espiritualidade e Mística
Espiritualidade Mariana – Franciscanismo
Autoconhecimento – Liturgia – Obras de referência
Sagrada Escritura e Livros Apócrifos – Teologia

REVISTAS

Concilium – Estudos Bíblicos
Grande Sinal
REB – SEDOC

VOZES NOBILIS

Uma linha editorial especial, com importantes autores, alto valor agregado e qualidade superior.

PRODUTOS SAZONAIS

Folhinha do Sagrado Coração de Jesus
Calendário de mesa do Sagrado Coração de Jesus
Agenda do Sagrado Coração de Jesus
Almanaque Santo Antônio – Agendinha
Diário Vozes – Meditações para o dia a dia
Encontro diário com Deus – Guia Litúrgico

VOZES DE BOLSO

Obras clássicas de Ciências Humanas em formato de bolso.

CADASTRE-SE
www.vozes.com.br

EDITORA VOZES LTDA.
Rua Frei Luís, 100 – Centro – Cep 25689-900 – Petrópolis, RJ
Tel.: (24) 2233-9000 – Fax: (24) 2231-4676 – E-mail: vendas@vozes.com.br

UNIDADES NO BRASIL: Belo Horizonte, MG – Brasília, DF – Campinas, SP – Cuiabá, MT
Curitiba, PR – Florianópolis, SC – Fortaleza, CE – Goiânia, GO – Juiz de Fora, MG
Manaus, AM – Petrópolis, RJ – Porto Alegre, RS – Recife, PE – Rio de Janeiro, RJ
Salvador, BA – São Paulo, SP